27
Ln 13962.

NOTICE

BIOGRAPHIQUE

SUR

Jean-Baptiste-Toussaint MÉNARD,

OFFICIER DE LA LÉGION-D'HONNEUR,

CAPITAINE DE DRAGONS EN RETRAITE,

LIEUTENANT-COLONEL DE LA GARDE NATIONALE DE BEAUVAIS;

PAR

ERNEST DUBOS.

———

BEAUVAIS,

IMPRIMERIE DE CONSTANT MOISAND,

Rue des Flageots, 15.

—

1852.

AVANT-PROPOS.

Tout récemment la mort enlevait à Beauvais un homme que toute la population aimait et qu'elle regrette vivement. Cet homme nous a honoré pendant les dernières années de sa vie de son amitié, et ses sentiments d'affection pour nous furent tels que dans nos conversations intimes il se faisait un plaisir, lui si modeste et si discret quand il s'agissait de ce qui avait trait à sa personne, de nous raconter les phases et les particularités de sa vie. Ce sont ces phases et ces particularités que nous allons rassembler et coordonner, afin d'en former un tout que nous dédions à sa mémoire et aux nombreux amis qui l'ont connu.

Jean-Baptiste-Toussaint MÉNARD, naquit à Beauvais le 1er novembre 1779. Ses parents, qui n'avaient point de fortune, vivaient modestement du produit d'une auberge qu'ils tenaient place de l'Hôtel-de-Ville. Son père, infirme pendant la majeure partie de sa vie, au lieu d'être le soutien de la maison, laissait à sa femme le soin de diriger les affaires de la communauté et celui d'élever la nombreuse famille que le ciel leur avait accordée. Les charges qui pesaient sur les époux Ménard ne leur permirent point de donner à leur fils, l'aîné des garçons, une éducation fort avancée. Ce à quoi ils s'attachèrent, ce qu'ils eurent surtout en vue, ce fut de lui inculquer de bons principes de moralité et de beaux sentiments d'humanité. Leur tâche fut facile à remplir. Le caractère du jeune Ménard était doux, serviable, facile à diriger.

Arrivé à l'âge où la nature donne à l'homme ce premier degré de force qu'on peut utiliser pour l'industrie, Ménard fut retiré de sa pension et appelé à faire choix d'un état. Mais avant, et pour lui faire acquérir un peu l'habitude du monde, on le plaça dans une étude de notaire où il resta peu de temps, et quand on lui demanda de se prononcer sur la carrière qu'il voulait suivre, sa décision fut bientôt prise ; son but était de trouver le moyen d'alléger, autant que cela lui était possible, les charges de la maison paternelle, et peu lui importait la profession qu'il devait embrasser, pourvu que cette profession pût lui fournir promptement les moyens d'apporter chaque semaine quelques deniers à la caisse commune. Il se fit apprenti tanneur. Le désir qu'il avait de devenir apte à être ouvrier, le jugement dont il avait été doté par la nature, lui rendirent facile et court l'apprentissage du métier qu'il avait choisi. Il posséda bientôt assez de connaissances et fut assez habile pour entrer dans un des ateliers d'une bonne maison de Paris.

Ouvrier travailleur, jeune homme honnête, Ménard grandit au milieu du tourbillon politique de l'époque. De grands événements s'étaient passés depuis qu'il habitait Paris; l'Empereur avait déjà fait retentir la capitale du bruit de ses exploits, et les ennemis de ce grand homme venaient d'essayer d'attenter lâchement à sa vie, quand Ménard atteignait sa vingt-et-unième année. La narration des faits d'armes de l'armée française l'avait profondément ému; la noble conduite de nos soldats l'avait enthousiasmé. Aussi, n'écoutant que son patriotisme, quitta-t-il résolument le tablier pour prendre le sabre et aller défendre son pays. Ce fut le 22 novembre 1800 qu'il fut incorporé comme volontaire dans le 5e régiment de dragons, alors en garnison à Paris.

Rien de plus noble, rien de plus généreux que les paroles qu'il adressa en cette solennelle circonstance à ses parents, en leur annonçant le parti qu'il venait de prendre. « Je suis soldat volontaire, leur disait-il. On m'a fait l'honneur de m'admettre dans les rangs de l'armée française. Une seule chose m'attriste maintenant, c'est la crainte que ce que j'ai décidé sans vous consulter ne vous cause de la peine. S'il en était ainsi, consolez-vous, je vous en prie; j'ai le pressentiment que Dieu me protégera dans ma nouvelle carrière. Vous avez fait pour moi beaucoup de sacrifices, vous en avez encore de grands à faire pour vos autres enfants. Le temps est venu où je dois vivre par moi-même et vous rendre, si je puis, ce dont vous vous êtes si souvent privé pour moi. Adieu, courage et espérance. »

Les promesses que Ménard faisait à ses parents, il les tint rigoureusement; et dès le jour de son enrôlement, s'il ne vint pas en aide à la maison paternelle aussi souvent qu'il l'eût désiré, il ne lui demanda plus jamais de nouveaux sacrifices.

Pourquoi, parmi tous les régiments, Ménard choisit-il de préférence le 5e dragons, dont deux escadrons seulement se trouvaient alors en garnison à Paris? ce n'était assurément point parce qu'il avait été recommandé à quelque chef; chacun à cette époque faisait son sort, chacun se traçait son avenir. Il opta pour ce corps, probablement parce qu'il avait pu en admirer la bonne tenue et la sévère discipline à Beauvais même, le 19 décembre 1799. En effet, ce beau régiment qui, dans les glorieuses campagnes d'Italie, avait mérité que le général en chef fit inscrire sur son étendard le nom des combats de Primolano, Bassano et Saint-Michel, tint, à son retour des départements de l'Ouest où l'insurrection avait de nouveau éclatée, ce beau régiment tint, disons-nous, garnison dans notre ville pendant quelques semaines. Ce fut donc dans les rangs d'un des deux escadrons qu'il avait observé à leur retour des villes de l'Ouest, que Ménard fut classé comme simple dragon.

Le 14 janvier 1801, c'est-à-dire six semaines environ après l'entrée au corps du dragon Ménard, les deux escadrons du régiment, de retour d'une expédition à Crémone et de la bataille de Marengo, vinrent s'unir à la portion qui tenait garnison dans la capitale. A peine notre compatriote avait-il eu le temps de connaître le maniement des armes placées en ses mains ; à peine lui avait-on indiqué les devoirs du soldat, qu'il partait pour l'armée d'observation de la Gironde, armée destinée à agir contre le Portugal.

Nous n'essaierons pas de retracer le tableau que nous fit plusieurs fois M. Ménard de ce premier départ ; notre pinceau ne trouverait pas de couleurs assez vives et notre plume ne saurait avoir assez de vigueur. Lorsqu'il parlait de cette époque de sa vie, ses traits s'animaient, ses yeux brillaient, sa parole devenait brève, saccadée, mais fortement accentuée, toute sa personne enfin trahissait encore l'élan et l'enthousiasme qu'il avait ressenti, quand il quitta Paris, le 19 mars 1801, pour se rendre à Bordeaux point de ralliement de toutes les troupes. Lorsqu'un homme à 70 ans éprouve encore un tel sentiment de patriotisme en pensant à une circonstance de sa jeunesse, que devait-il être au moment même où se passait l'évènement ?

Voilà donc notre compatriote Ménard lancé sur l'arène militaire. Dans le métier des armes, comme pour la profession qu'il avait d'abord acceptée, il lui fallut peu de temps d'apprentissage. Pour lui, le rôle de soldat était bien facile à remplir. Sa maxime était celle-ci : Puisque la France confie à son armée la défense de son honneur, le militaire doit s'acquitter dignement de son mandat, et mourir plutôt que d'y faillir.

De Bordeaux, le régiment est dirigé sur l'Espagne et arrive le mai à Cuidad-Radrigo, où il reste peu de temps. Puis il va à

Zamora, et reçoit bientôt l'ordre de revenir en France et de s'arrêter à Joigny, Auxerre, etc.

Depuis que Ménard est entré au service, le 5ᵉ dragons n'a encore assisté à aucune affaire; les circonstances n'ont point encore permis à ce régiment de montrer qu'il est toujours digne de son ancienne réputation. Quant à notre compatriote, il est, comme au moment de son entrée au corps, simple cavalier. Mais, prenons patience, les moments du danger vont apparaître; chacun va trouver les occasions de montrer sa bravoure, et nous allons voir Ménard passer par la hiérarchie des grades et recevoir des honneurs en récompense de sa noble conduite sur les champs de bataille.

Au moment où nous en sommes arrivés, le théâtre de la guerre et les moyens d'exécution prennent des proportions colossales; l'armée française est appelée, avec juste raison, la Grande-Armée, et l'Empereur, qui vient de lever le camp de Boulogne, se met en marche contre l'Autriche. L'armée des Côtes-de-l'Océan, dont faisait partie le 5ᵉ dragons, rangé dans la 3ᵉ division (général Beaumont) de la réserve de cavalerie (prince Murat), se trouvait à Calais.

M. Ménard, nommé brigadier le 26 juin 1804, fourrier le lendemain, puis maréchal-des-logis le 21 avril 1805 et maréchal-des-logis-chef un mois après, suivit son régiment à Kehl; puis il prit une part active au combat de Wertingen, où toute une division ennemie tomba en notre pouvoir. Continuant sa route belliqueuse, le régiment aida aussi à repousser le général Marck, et contribua à sa capitulation dans Ulm. De là il se mit à la poursuite de l'armée ennemie et vint de Lamback occuper Schlapanitz, Vellatitz, etc.

L'Empereur, dans le but d'attirer l'ennemi sur le champ de bataille qu'il avait choisi, avait donné l'ordre à l'armée de rétrograder. Le mouvement concerté s'opérait, et le 5ᵉ dragons, se retirait, poursuivi de près par les troupes opposées. Un trompette, qu'un motif de service ou peut-être bien une imprudence avait tenu à distance du corps, se trouve tout-à-coup enveloppé par quatre soldats ennemis. Seul contre ses adversaires, il allait succomber malgré ses efforts, quand Ménard l'aperçoit défendre vaillamment sa vie. Quitter son rang, piquer des deux, fondre sur les assaillants, les mettre en fuite, et ramener le trompette à la tête du régiment fut pour Ménard l'affaire d'un instant.

» Les lâches, disait-il en racontant cet épisode de sa vie militaire, qui étaient quatre contre un, se sont sauvés parce que nous allions être deux contre eux quatre. » Le fait que nous venons de rapporter se passait quelques jours avant la fameuse bataille d'Austerlitz. Durant cette campagne, ce fut surtout dans les violents combats que l'on eut à soutenir pour s'emparer des hauteurs de Blasowitz et de Kruh que le régiment auquel appartenait M. Ménard eut à souffrir.

C'est à cette même époque, alors que les dragons, sous les ordres du général Gardanne, chargeaient avec acharnement la cavalerie autrichienne du général Rieumayer, et que notre artillerie broyait la glace qui devait peu de temps après s'entr'ouvrir sous les pieds des fuyards ennemis ; c'est à cette époque, disons-nous, que le baron Delacour, colonel de dragons, fut grièvement blessé. Voici en quels termes M. Côme, rapportait ce fait sur la tombe de M. Ménard. Nous sommes heureux de pouvoir citer ces paroles, car M. Côme apprit les détails de cette épisode de la bouche même du fils du colonel Delacour. Quant à nous, il nous eut été impossible de parler de ce trait de courage, M. Ménard ne nous en ayant jamais entretenu. Il n'y a rien dans ce silence qui étonnera ceux qui ont connu M. Ménard.

« A Austerlitz, dit M. Côme, le colonel baron Delacour, blessé,
» renversé de cheval, allait tomber au pouvoir de l'ennemi. Vous
» vous êtes élancé au mépris de la mort, et quelques minutes après
» vous rendiez un chef à votre régiment et un père à sa famille. »

C'est à de pareils traits qu'on connaît et qu'on juge un homme. Si l'action de M. Ménard fut belle, la récompense fut bien douce. C'est M. Côme qui nous la fait aussi connaître. « Dernièrement son fils (le
» fils du colonel Delacour), officier distingué de notre jeune armée,
» venait dans vos bras les yeux baignés de larmes vous embrasser,
» vous le sauveur de son père. »

Ce qu'il dut y avoir d'expansion, de sympathie dans cette entrevue, notre plume ne saurait le décrire. Il y a de ces scènes de cœur qui se comprennent, mais qui ne se traduisent pas.

M. Ménard assista ensuite au combat de Schlietz (9 octobre), où un corps de 10,000 Prussiens fut battu, et à la rencontre de Saalfeld où le prince Louis de Prusse resta sur le champ de bataille, ainsi qu'à diverses autres escarmouches par lesquelles on inaugura la fameuse campagne dans laquelle on anéantit l'armée prussienne. Plus tard il se trouva aussi aux combats de Czarnowo, de Nasielk et de Pultusk où son régiment se fit remarquer par sa bravoure et son audace; mais où aussi beaucoup de dragons trouvèrent la mort.

Le 7 février 1807 au soir, la réserve de cavalerie reçut l'ordre d'appuyer le maréchal Soult dans le sanglant combat de nuit qui nous rendit maître d'Eylau. Le 5e dragons était chargé dans cette affaire de soutenir les divisions Saint-Hilaire, en position sur un mamelon qui se liait au cimetière. Nous savons, d'après l'auteur de l'histoire la plus goûtée de Napoléon, que l'église et le cimetière d'Eylau, opiniâtrement défendus par les Russes, ne furent enlevés qu'après un combat meurtrier de part et d'autre. Nous savons aussi ce que fut cette bataille, ce qu'elle nous coûta d'hommes, et combien de morts ennemis demeurèrent sur le champ de bataille.

A la suite de la campagne d'hiver, sept décorations furent accordées au 5e dragons en récompense de sa noble conduite. M. Ménard, alors adjudant sous-officier depuis le 26 février 1806, reçut une de ces croix de chevalier de la Légion-d'honneur le 15 avril 1807. Il avait à cette époque environ 28 ans, et était un des plus jeunes officiers de l'armée qui portât sur sa poitrine cette marque distinctive, que l'on prodiguait d'autant moins que l'on était encore à une époque rapprochée de sa création.

Le régiment auquel appartenait l'adjudant Ménard prit part le 14 juin à la bataille de Friedland qui termina la campagne. La paix ayant été signée à Tilsitt, le 5e dragons resta quelque temps en Hanovre, d'où il fut dirigé sur l'Espagne au mois d'août 1808, laissant à Saint-Germain son dépôt et son 3e escadron.

Durant cette première partie de sa vie militaire, M. Ménard s'est signalé. Sa bravoure lui a valu une distinction honorifique, et il est parvenu, lui, dragon volontaire, sans autre éducation sérieuse que celle du cœur, au grade d'adjudant-sous-officier, après être passé par les grades inférieurs. Nous allons maintenant le voir continuer la route qu'il s'est tracée, et devenir par ses actions un de ces soldats dont s'honorera toujours la nation française.

Arrivé pour la seconde fois dans les environs de Zamora où le régiment était resté peu de temps en mai 1801, le 5e dragons eut au mois de janvier de l'année 1809 affaire à de nombreux partis espagnols. Bien qu'on n'entama pas une bataille décisive, il fallait chaque jour guerroyer. Dans une première attaque, notre compatriote Ménard eut sa botte percée par une balle et fut blessé au pied droit; l'étrier de sa selle avait été forcé par le choc du projectile. Peu après le 6 janvier son cheval tombe sous lui frappé d'un coup mortel en pleine poitrine. En janvier 1810, il eut encore un autre cheval tué sous lui, lors des deux affaires qui nous ouvrirent les portes de Grenade.

Le 5e régiment de dragons fut en 1811 occupé à soutenir l'armée régulière de l'ennemi et à lutter contre les bandes de guérillas. Nul repos à cette époque ne pouvait être accordé aux soldats; toujours sur le qui-vive, le sabre au côté, les rênes du cheval passées autour du bras, il fallait être prêt à la moindre alerte. C'est dans une de ces escarmouches si fréquentes dans les guerres d'Espagne, c'est le 6 mars 1811, que M. Ménard, sous-lieutenant depuis le 29 juin 1810 trouva l'occasion de faire preuve d'un sang-froid et d'une bravoure remarquables. Nous extrayons le passage suivant du registre des services successifs de MM. les officiers de son corps :

« Le 6 mars 1811, M. Ménard commandait une reconnaissance
» de 25 chevaux du régiment; deux escadrons ennemis se trouvaient
» en même temps derrière une montagne très-élevée, impraticable, et
» à plus d'une demi-lieue de la route. L'un de ces escadrons vint sur
» les flancs du détachement, et l'autre se plaça derrière lui. Dans
» cette position, M. Ménard, sans hésiter, rassembla son monde,
» chargea le premier escadron, l'enfonça et le mit en déroute. Le
» deuxième escadron qui aperçut le mouvement se porta alors sur lui,
» et M. Ménard dut encore traverser cet escadron; mais il ne put le
» faire à cause de sa réunion aux débris du premier, sans laisser 9
» de ses hommes.

» Regrettant vivement cette perte, et désirant délivrer ces braves,
» il se décida à charger de nouveau avec 10 hommes qui lui restaient.
» Il parvint, aidé particulièrement par un maréchal-des-logis, un
» brigadier et un dragon, à délivrer trois grenadiers et à reprendre
» un brigadier blessé très-dangereusement, et qui était resté sur le
» champ de bataille.

» L'ennemi, dans cette affaire, outre ses morts, eut plus de vingt

» blessés , parmi lesquels le major commandant les deux escadrons et
» un autre officier. Le major fut blessé par le brigadier au moment où
» il cherchait à s'attacher à M. Ménard, occupé ailleurs. Après ce
» dernier effort, cet officier se retira en très-bon ordre.

» M. Ménard , déjà membre de la Légion-d'Honneur, fut proposé
» pour le grade d'officier dans cette Légion. En appuyant la demande
» faite par le lieutenant-général Sparre, alors colonel du régiment,
» MM. les généraux Ormancey, Rey et Sébastiani dirent : Cet officier
» est un brave de tous les jours ; sa brillante conduite dans cette af-
» faire mérite entr'autres les plus grands éloges et le rend digne de la
» récompense sollicitée pour lui, etc. »

Après cette belle action , M. Ménard suivit son régiment en Estrama-
dure ; il accompagna l'armée du midi dans son mouvement sur
Grenade, et vint à Almanza s'unir à l'armée du roi Joseph et à celle
du maréchal Suchet.

Le 21 juin , le 5e dragons prit une part très-active à deux charges
exécutées par le général de brigade Digeon, sur la droite de Vittoria.
M. Ménard, toujours d'après le registre où nous avons puisé le récit
rapporté ci-dessus, « s'est encore particulièrement distingué à cette
affaire et fut grièvement blessé. »

L'armée ayant été réorganisée et placée sous le commandement du
maréchal Soult, lieutenant de l'empire, en juillet 1813, l'escadron
auquel appartenait M. Ménard fut placé dans la 1re division de cavalerie (maréchal Soult), 9e brigade (général Sparre), et assista au combat
d'Oricain, le dernier qui fut livré sur le sol espagnol.

Il est deux faits que nous a raconté M. Ménard dans un de ces moments d'expansion où l'âme du soldat l'emportait sur la modestie de
l'homme privé. Ces faits se sont passés en Espagne ; mais à quel en-
droit ? à quelle époque ? Nous ne saurions le préciser. Malgré notre
ignorance des dates, nous ne pouvons passer ces faits sous silence,
car ils témoignent en faveur de notre compatriote.

Après une affaire assez sérieuse , les officiers de quelques régiments
français s'étaient rassemblés dans la villa d'un riche Espagnol. Ces
guerriers se reposaient au milieu des flacons des vins du pays , des fa-
tigues de la guerre. Les têtes commençaient déjà à s'échauffer ; l'air
retentissait de refrains joyeux ; une franche gaîté régnait à l'intérieur

de la maison, quand la nuit apparut. Un seul officier, inquiet, morose, profondément affecté d'un reproche immérité que lui avait le matin même adressé un chef supérieur, fumait taciturnement sa pipe, assis sur un banc devant la villa. Tout-à-coup un bruit de chevaux lancés au galop, un cliquetis d'armes se fait entendre, et une ombre épaisse que l'obscurité de la nuit permet à peine de distinguer, se montre à une petite distance. Ménard, car cet officier profondément blessé dans son amour-propre, c'était lui, lève la tête, et que voit-il? Une bande de guérillas qui accourait surprendre et massacrer les joyeux convives. Ménard crie aux armes, et ses compagnons prévenus encore assez à temps peuvent reprendre leurs chevaux et opposer aux assaillants une vive résistance. Après la lutte il ne manquait aucun officier à l'appel, les guerillas seuls avaient laissé des leurs sur le sol.

En Espagne encore, un jeune homme du département de l'Oise avait grièvement manqué aux réglements militaires. La décision de ses juges avait été sévère, il était condamné à mort. Le jour de l'exécution de la sentence est arrivé; le peloton chargé de faire feu est commandé, l'officier appelé à le diriger c'est Ménard. L'heure de la justice sonne; les soldats, serviteurs passifs de la discipline, sont à leur poste, le chef seul fait défaut. Comme en de si solennelles et de si lugubres circonstances l'humanité ne permet pas qu'on apporte de retard le commandant absent est remplacé par un collègue. Ménard est condamné à son tour à un mois de cachot. Notre compatriote, dont la conscience était tranquille et satisfaite subit patiemment sa peine. Le moment de sa délivrance approche; il a payé son manquement au service, il se croit absous; mais il se trompe, après le châtiment devait arriver la récompense. Son colonel l'appelle, lui tend les bras, l'embrasse et le complimente sur sa conduite. « Je devais vous punir, Ménard, lui dit-il, ainsi le veulent nos lois militaires; mais maintenant que j'ai rempli mon devoir de chef de corps laissez-moi comme particulier vous témoigner tout ce que votre conduite a fait naître en moi d'estime et de considération pour vous. »

Est-il besoin de commentaires après une telle action?

Le 5ᵉ régiment de dragons n'était pas destiné, dit le colonel Brahaut, à défendre le sol de la patrie sur la frontière du Midi. Le régiment fort de 532 hommes fut envoyé pour renforcer la grande armée qu'il rejoignit le 10 février. Il assista le 7 mars à l'affaire de Craone, au combat de Laon, à celui de la Fère-Champenoise et à la bataille devant Paris. Ce fut en cette même année 1813 que M. Ménard fut nommé lieutenant. On lui donna les épaulettes d'adjudant-major le 21 janvier suivant, et le rang de capitaine le 31 janvier 1815.

Dans la funeste campagne de 1815, le 5ᵉ régiment de dragons, auquel appartenait toujours le capitaine Ménard se trouva le 16 juin à Fleurus, le 18 à Waterloo, le 2 juillet à l'affaire de Versailles.

Enfin, à la chute de l'empereur, le régiment ayant été licencié, M. Ménard fut du nombre des braves qui rentrèrent dans leurs foyers ingratement pourchassés et honnis sous le nom de Brigands de la Loire.

Parti le 22 novembre 1800 comme simple dragon, notre compatriote, fruit de ses propres œuvres, revint dans sa ville natale avec le grade de capitaine, la poitrine ornée de l'étoile des braves et le corps maculé de cicatrices en plusieurs endroits. Après 15 années de services effectifs et 13 ans de campagnes, en tout 28 ans 3 mois passés sous les commandements des généraux Leclerc, Saint-Cyr, Nansouty, Baraguay-d'Hillïers, le prince de Neufchatel et le maréchal Soult, il se fixa à Beauvais. Citoyen modeste il n'avait alors pour toute ressource que la faible pension qui lui fut assignée en rémunération de ses services militaires.

Il était dans notre ville depuis environ quatre mois quand il se maria. Une des personnes alliées à son épouse, jugeant de prime abord de la noblesse du caractère de M. Ménard, devint pour lui une amie véritable. Cette dame, comprenant qu'un homme accoutumé à mener une vie active ne saurait demeurer sans occupation, lui offrit de partager avec elle les travaux d'écritures du bureau de Messageries qu'elle dirigeait. M. Ménard accepta cette offre avec grand plaisir, et, quand une mort prématurée enleva la titulaire de la place, il obtint de continuer l'emploi. C'est dans l'accomplissement de ses nouvelles fonctions que notre ex-dragon se fît connaître à Beauvais. Sa complaisance pour les voyageurs, son aménité quand on lui demandait des renseignements, ne tardèrent pas à lui attirer l'affection et l'estime de quiconque l'approchait. Ajoutons à ces qualités le calme de son caractère, et la précision de son jugement. Un seul fait rapporté entre tous va nous le faire apprécier. Deux jeunes soldats parcouraient un soir, et cela peu de temps après la rentrée de M. Ménard à Beauvais, les rues de la ville avec un air aussi tapageur que fanfaron. Au bruit du cliquetis des armes qui labouraient les pavés, notre compatriote s'arrête, les soldats viennent à lui, l'insultent, le menacent. M. Ménard, toujours calme, leur saisit violemment les poignets et les force à rentrer dans le fourreau le sabre qu'ils ne devaient dégaîner que contre les ennemis du pays. L'autorité municipale, informée de cette circonstance, adressa à M. Ménard des compliments sur la prudence dont il avait fait preuve. Il suffisait en effet, à cette époque, d'une étincelle pour allumer le feu de discorde entre les bourgeois et les militaires.

Malgré sa modestie, malgré aussi son désir de vivre paisiblement dans une commune voisine, et en quelque sorte faubourg de Beauvais, notre capitaine retraité fut obligé de se faire violence, et d'accepter, après la révolution de 1830, le grade de capitaine dans le bataillon de la garde nationale de Villers-Saint-Lucien et lieux environnants. Ce nouveau grade réveilla en lui le goût militaire qui y sommeillait toujours. Heureux de trouver l'occasion de pouvoir encore être utile à son pays qu'il avait déjà si vaillamment servi, il prit à cœur de former une compagnie tenue sur un bon pied. Il consacrait ses moments de loisir à instruire ses soldats, et le service de nuit, si utile alors dans les campagnes, était fait par les hommes de ce bataillon avec une assiduité d'autant plus grande que le capitaine visitait les postes à toute heure du jour et de la nuit.

Lors d'un des passages en notre ville du roi Louis-Philippe, le bataillon de Villers-Saint-Lucien était sous les armes; le commandant de la garde nationale et le conseil municipal de la localité, ayant trouvé le moment d'entretenir sa majesté, lui parlèrent de leur capitaine, chevalier de la Légion-d'Honneur depuis longtemps, et de ses glorieux états de service. Le roi exprima le désir de voir cet ancien militaire, à qui on fit signe d'approcher; mais celui-ci, observateur fidèle de la consigne, ne crut pas devoir quitter la tête de sa compagnie, et les voitures du roi s'éloignèrent.

Redevenu habitant de Beauvais, M. Ménard s'occupait modestement de sa besogne de bureau quand survinrent les évènements de 1848. Il

sentit avec cette nouvelle révolution renaître son ancienne vigueur.
Il vit avec plaisir la réorganisation de la garde nationale, et, bien qu'il
eût l'âge requis pour s'en exempter, il voulut encore être inscrit sur les
contrôles et faire le service. On le plaça dans la compagnie de grenadiers.
Quand vint l'époque de la nomination aux grades il fut forcé, par les
vives et incessantes sollicitations de ses concitoyens, d'accepter les
épaulettes de capitaine, mais bientôt après eut lieu l'élection de l'état-
major, et M. Ménard fut, toujours contre son assentiment, nommé
lieutenant-colonel de la légion par l'unanimité des suffrages. Son inten-
tion était de ne pas accepter cette distinction, mais la signification du
vote ne lui permit pas de suivre son idée.

Le jour de sa nomination fit époque dans sa vie aussi bien que dans
le souvenir des habitants. En effet, le résultat du scrutin était à peine
connu que la salle retentissait des cris de contentement de la foule, et
qu'une ovation, d'autant plus belle et plus flatteuse qu'elle était impro-
visée, lui fut faite. Tous les votants lui formèrent un cortège et le con-
duisirent au milieu de leurs marques de satisfaction et de leur témoi-
gnage d'estime jusqu'à son habitation. Cette journée, disait M. Ménard,
fut une des plus belles de ma vie.

Il y a trop peu de temps encore qu'il n'est plus parmi nous pour
que nous ayons oublié avec quelle prudence et avec quels soins il
remplissait ses fonctions. Nous nous rappelons encore l'énergie qu'il
retrouvait sous l'habit militaire; et nous avons reconnu son zèle pour
donner à nos bataillons une instruction pratique que les circonstances
politiques rendaient nécessaire.

Lorsque les hommes envoyés à Beauvais par le gouvernement pro-
visoire après la révolution de 1848, à l'effet d'administrer le département de l'Oise, eurent ameuté contre eux la population de notre ville
et celle des localités voisines ; alors que nos commissaires aveuglés et
trompés, voulaient faire descendre de son siége un noble et vénérable
magistrat, que son impartialité et son caractère conciliant ont rendu cher
à toute la cité, M. Ménard, revêtu de son uniforme, concourut puis-
samment à faire éloigner de notre ville ces hommes privés de la sympathie générale et à éviter une collision imminente. Aux mécontents
il adressait des paroles de consolation et d'espoir ; aux exaltés il recom-
mandait de la prudence ; et quand il vit les gardes nationaux de Villers,

ses anciens soldats, prêts à franchir les murs de l'hôtel de la Préfecture, il sut, par un geste, recouvrer sur eux son ancienne autorité militaire et les maintenir dans la voie de conciliation.

Les événements politiques qui, en quelques années se succédèrent rapidement, impressionnèrent vivement M. Ménard. Arrivé à l'âge de 68 ans, sans infirmité aucune, avec le caractère gai et toujours marqué au sceau de l'époque, il commença à ressentir les premiers symptômes de l'affection chronique des voies digestives qui devait nous l'enlever. Sa constitution, vivement mise à l'épreuve, pendant la guerre d'Espagne surtout, s'affaiblissait de jour en jour ; son état physique trahissait visiblement ses souffrances, et cependant il affectait toujours de se bien porter. C'est qu'il voulait triompher du mal ; c'est qu'il croyait vaincre son nouvel ennemi comme il avait jadis battu les Prussiens.

Si le cours de sa maladie lui fut pénible, il l'eût été bien plus encore sans les distractions que lui procuraient les événements quotidiens. L'arrivée au pouvoir du prince Louis-Napoléon lui donna du courage. Il était heureux de voir à la tête de la France le fils de son ancien colonel, et le neveu de l'empereur, dont il ne parlait qu'avec vénération.

Au mois de juillet dernier, Beauvais élevait une statue à la femme qui jadis défendit si vaillamment la ville contre l'invasion ennemie, et le Président de la République honorait cette solennité de sa présence.

Dans cette fête militaire, le lieutenant-colonel de notre garde nationale se crut encore aux temps où la parade précédait une bataille. Oublieux de ses douleurs, nous l'avons vu demander à son cheval ces gentillesses que le cavalier sait en obtenir. Qu'il fut heureux en cette journée ! Mais hélas, cette joie ne devait être que passagère, et ce bonheur d'un jour devait être le dernier pour lui. C'est à l'occasion de cette fête qu'il reçut la croix d'officier de la Légion-d'Honneur, distinction qui, bien que tardive, lui fut fort sensible. « Je suis heureux, » dit-il au Président de la République, de recevoir de la main du » neveu, un brevet que l'oncle m'avait promis. » La nouvelle de cette décoration fut reçue dans le public avec un contentement unanime ; aussi les félicitations ne manquèrent pas à M. Ménard. Ce fut les larmes aux yeux qu'il parlât toujours du bonheur qu'il éprouvait de trouver une telle sympathie parmi les habitants de Beauvais.

Depuis ce jour où son contentement fut au comble, le mal qui minait M. Ménard fit de rapides progrès. Sa physionomie, si gaie et toujours souriante, devint triste et sombre ; ses couleurs encore vermeilles s'éteignirent ; son teint devint hâve ; ses yeux s'enfoncèrent chaque jour de plus en plus dans leurs orbites ; les forces l'abandonnèrent. La société intime qui lui plaisait tant, et qu'il égayait par ses anecdotes, lui devint gênante ; ses amis, qu'il voyait tous les soirs, il les quitta pour rester chez lui et y terminer lentement sa vie au milieu de souffrances sans remède, même palliatif. Chaque jour amenait avec lui de nouveaux ravages dans sa santé ; il faiblissait de plus en plus ; en un mot, il se voyait mourir.

Il est une scène que nous ne saurions oublier jamais. C'était trois jours avant sa mort. Déjà sa vue était troublée ; une espèce de taie recouvrait ses yeux, et sa parole difficilement articulée décélait sa faiblesse. Au pied de son lit se trouvaient de ses amis. Après un soupir profond il rompit le silence qui régnait dans la chambre, puis, nous prenant les mains il nous dit : « Mes amis, c'en est fait, il faut nous quitter... adieu, adieu pour toujours. » — Une larme trahissait notre chagrin comprimé, mais lui, ferme devant la mort dont la faux levée sur sa tête allait trancher le fil de ses jours, il était calme, il était résigné. Cet effort l'affaiblit encore ; ses idées dès-lors se troublèrent, le délire s'empara de son cerveau, et on l'entendit dans ses derniers moments parler de combats et demander entre autres choses *si les troupes étaient rentrées.* Puis le râle de la mort se fit entendre, son souffle devenu plus fréquent se perçut à peine, et il rendit le dernier soupir le 14 décembre 1851, comme le rendent les consciences honnêtes, c'est-à-dire sans agonie, et après avoir reçu les sacrements de l'église.

Le 16 décembre dernier, l'état-major et un fort détachement du régiment de chasseurs en garnison à Beauvais, la garde nationale de la ville, non pas commandée, mais seulement conviée, et plus nombreuse qu'aux revues obligatoires, conduisaient les dépouilles mortelles de M. Ménard à leur dernière demeure. La tristesse peinte sur la figure des nombreux assistants, le religieux silence qui régnait dans la foule sur le passage du convoi, la présence des autorités civiles, militaires et ecclésiastiques, témoignaient de la considération dont jouissait le défunt. Plusieurs discours ont été prononcés sur la tombe de M. Ménard, l'un par M. le Maire de Beauvais; un second par M. Côme, colonel de la garde nationale existant à cette époque, et enfin un troisième par un sergent, de la 8me compagnie du 1er bataillon, M. Josset. Afin de bien faire connaître ce qu'était M. Ménard et comment il était jugé par ses concitoyens, nous donnons textuellement un extrait des paroles de M. Josset :

« Pour honorer la mémoire d'un homme de bien, il n'est besoin » d'éloquence, celle du cœur suffit. Cette conviction m'a donné » la hardiesse de venir, après des paroles mieux dites, exprimer » ma part des regrets de la perte douloureuse que vient de faire la ville » de Beauvais, dans la personne du brave colonel Ménard. En pré- » sence de cette fosse, ouverte béante, pour se fermer à jamais, sur » la dépouille de ce brave homme et de cet homme brave, on se sent » porté à murmurer contre Dieu qui n'a pas donné à des hommes » pareils la longévité des patriarches; en effet quelle plus belle leçon » pourrait-il montrer aux générations qui les connaîtraient, que » l'exemple d'un homme dont toute l'existence est un modèle à copier : » soldat intrépide, citoyen probe, homme d'honneur, bon, serviable, » bienfaisant sans ostentation, gai sans causticité; tel a été celui » dont nos regrets sont impuissants à dire toutes les nobles qualités. » Parlerai-je de ses faits militaires, non, car d'honorables amis qu'il » laisse dans les regrets, l'ont fait avant moi, avec plus d'éloquence. » Mais puis-je passer sous silence un mot bien simple, même trivial » en apparence, mais sublime de modestie vraie, dans la bouche d'un » homme tel que lui. Un ancien frère d'armes de notre digne et à » jamais regrettable colonel, lui rappelait un fait d'arme de lui, » qui aurait fait l'orgueil des Murat, des Ney et des Lassale, ces héros » de la bravoure et de l'audace militaire. M. Ménard l'interrompt : « Tais-toi donc, ne parle pas de ces bêtises-là, c'est de l'histoire » ancienne. » Ces mots résument toutes les qualités de ce noble » soldat ; brave jusqu'à la témérité, le digne Ménard fut à toutes les » époques de sa vie, un modèle à imiter, un homme à vénérer. Re- » gretté par toute une population, son cortège est un triomphe, un

» triomphe bien douloureux pour nous, mais dont son âme doit tres-
» saillir..... »

Telle a été la vie de notre compatriote Jean-Baptiste-Toussaint
Ménard qui, sorti d'une famille obscure, sut se créer par son courage
une belle position comme soldat, et, par la bonté de son naturel, une
place honorable dans l'estime de toute une population. Ménard fut un
de ces hommes qui font époque dans leur siècle, et de la naissance
desquels un pays s'honore.

Beauvais. — Imprimerie de Constant Moisand.